LA GRANDE IMAGERIE

LES ANIMAUX
EN DANGER

TEXTES **SABINE BOCCADOR**
RELECTURE SCIENTIFIQUE **CÉCILE ARNOUD** ET **JENNIFER MATAS**
(especes-menacees.fr)

W0300062

FLEURUS

L'EXTINCTION DES ESPÈCES

Les espèces animales ne sont pas éternelles. Elles vivent généralement entre 5 et 10 millions d'années, puis disparaissent naturellement pour laisser la place à d'autres. L'analyse des fossiles révèle cependant que des événements majeurs ont provoqué cinq vagues d'extinction massive depuis que la vie est apparue sur Terre, il y a 4 milliards d'années. Aujourd'hui, l'accélération de la disparition des espèces liée à l'activité humaine est alarmante. Selon les scientifiques, nous serions au cœur d'une sixième vague d'extinction massive de très grande ampleur.

① Il y a 445 millions d'années...

À cette époque la vie ne se développait que dans les océans. Plusieurs phases de glaciation auraient fait chuter le niveau de l'eau de près de 60 m, provoquant la disparition de 85 % des espèces de coraux, de coquillages, de plancton et de trilobites. Cette extinction de l'Ordovicien-Silurien est la deuxième extinction la plus dévastatrice que la Terre ait jamais connue.

② Il y a 370 millions d'années...

La vie était encore essentiellement marine au Dévonien, lorsqu'une succession d'événements (éruptions volcaniques et glaciations, entre autres) aurait privé les animaux d'oxygène. En 20 millions d'années, 75 % des espèces ont alors disparu : de nombreux poissons, des étoiles de mer, des récifs coralliens et des ammonites (mollusques à coquille).

③ Il y a 250 millions d'années...

L'extinction du Permien-Trias est la plus massive de toutes. De gigantesques éruptions volcaniques auraient provoqué un réchauffement climatique considérable et de fortes émissions de dioxyde de carbone et de gaz toxiques. Résultat : 95 % des espèces, aussi bien marines que terrestres, ont péri. Parmi elles, de nombreux reptiles (ancêtres des dinosaures) et insectes.

④ Il y a 200 millions d'années...

Au Trias-Jurassique, un bouleversement climatique associé à des éruptions volcaniques aurait transformé la Terre en fournaise. La moitié des espèces végétales et animales auraient alors disparu. Les dinosaures, eux, ont survécu.

⑤ Il y a 65 millions d'années...

Après avoir régné sur la Terre pendant 155 millions d'années, les dinosaures ont disparu brutalement ! Cette extinction du Crétacé-Tertiaire aurait été causée par la chute d'une grosse météorite. En percutant le sol, elle aurait soulevé un gigantesque nuage de poussière qui aurait voilé le Soleil et refroidi la Terre. Sans lumière, les plantes ont dépéri et les dinosaures seraient morts de faim.

VERS UNE SIXIÈME VAGUE D'EXTINCTION ?

D'après les scientifiques, la disparition des espèces s'accélère, atteignant un rythme sans précédent depuis l'extinction des dinosaures. On estime que 100 fois plus d'espèces s'éteignent aujourd'hui qu'en 1900 ! C'est le cas du grizzly mexicain, disparu en 1960, du tigre de Java, en 1979, du dauphin de Chine, en 2007, du rhinocéros noir de l'Afrique de l'Ouest, en 2011 et de l'espadon de Chine, en 2020. Ces extinctions sont toutes dues l'activité humaine.

L'HOMME CONTRE LA NATURE

Mise au point par l'UICN (Union internationale pour la conservation de la nature), la Liste rouge recense les espèces menacées au niveau mondial. Grâce à cette étude, nous savons qu'un amphibien sur trois, un mammifère sur quatre et un oiseau sur huit sont aujourd'hui en danger. C'est aussi le cas des animaux marins puisqu'un tiers des requins, des raies et des coraux est menacé d'extinction. Les conclusions tirées sont incontestables : l'homme est en grande partie responsable de la disparition des espèces.

Le braconnage

Autorisée dans certains pays à des dates précises, la chasse est soumise à des lois. Ce n'est pas le cas du braconnage, qui consiste à braver les interdictions pour chasser ou pêcher. La première cause de cette chasse illégale est le trafic. Les braconniers s'enrichissent en revendant les peaux de fauves et de crocodiles, les cornes de rhinocéros ou encore les défenses d'éléphants. Les hommes ont également recours au braconnage pour se nourrir ou capturer des animaux rares qu'ils vendent à prix d'or.

La surpêche

La surpêche est également un véritable fléau. Les hommes pêchent beaucoup trop de poissons par rapport aux réserves disponibles. Aujourd'hui, au niveau mondial, les espèces de requins, de thons, d'espadons et de cabillauds sont surexploitées et les populations de morues se sont effondrées.

La déforestation

En 4 siècles, la superficie des forêts a été divisée par deux ! Or, celles-ci abritent une multitude d'animaux. Pour se nourrir, l'homme brûle les forêts afin de les transformer en terres cultivables. Mais comme ces terres s'appauvrissent au bout de quelques années, les paysans sont contraints de défricher de nouvelles parcelles de forêt. Les animaux perdent alors leur habitat et la nourriture qu'ils y trouvaient. On abat aussi massivement les arbres pour produire du bois de chauffage, de construction, de la pâte à papier pour les livres et les magazines...

La pollution

Rejetant des substances toxiques dans l'eau (produits chimiques des usines, déchets plastiques, carburant des navires, marées noires) et le sol (pesticides répandus sur les cultures), les activités humaines polluent et tuent des millions de plantes et d'animaux. Oiseaux, poissons, baleines, tortues : ils sont 1,5 million à mourir chaque année rien qu'en ingérant les plastiques que nous rejetons.

Le réchauffement climatique

Depuis plusieurs dizaines d'années, les gaz (à effet de serre), que les voitures, les chauffages et les usines rejettent dans l'air, forment comme une couverture qui empêche l'excès de chaleur dégagée par le rayonnement solaire de s'échapper par l'atmosphère terrestre. En conséquence, la température augmente partout dans le monde, provoquant des bouleversements : le niveau des océans monte, des pluies torrentielles s'abattent par endroits, tandis qu'ailleurs des régions s'assèchent. Ces phénomènes mettent en péril de nombreux animaux (ours polaires, coraux, mouettes blanches...).

ANIMAUX DES FORÊTS

Recouvrant près d'un tiers des terres émergées, les forêts abritent une grande diversité d'animaux. L'Europe, avec ses forêts tempérées, est le continent le plus boisé. Quant aux forêts tropicales, elles représentent la moitié des forêts du monde ! Parmi elles, la forêt amazonienne est si grande qu'elle s'étend sur huit pays d'Amérique du Sud. Depuis plusieurs décennies, toutes ces forêts se réduisent considérablement, notamment à cause de la déforestation et des incendies ravageurs.

Le tigre

Mesurant de 2,3 à 3,3 m de long selon les espèces, pour 140 à 300 kg, c'est le plus grand des félins mais aussi l'un des plus gros carnivores terrestres. Les rayures noires qui parcourent son pelage jaune orangé diffèrent d'un individu à l'autre. Au nombre de 100 000 en 1900, les tigres n'étaient plus que 3 890 en 2016. Parmi les neuf sous-espèces existantes, trois se sont éteintes : le tigre de Bali en 1937, le tigre de la mer Caspienne en 1970 et le tigre de Java en 1979. Souffrant de la perte de son habitat, il a également été chassé pour ses organes, exploités par la médecine chinoise. Les plus de 2 000 tigres du Bengale qui subsistent (sous-espèce la plus représentée) peuplent les forêts de l'Inde et des pays alentour. Les autres sous-espèces vivent en Sibérie, en Chine, en Asie du Sud-Est, en Malaisie et en Russie.

Le koala

Ce petit marsupial de 65 à 79 cm de haut vit dans le Sud et l'Est de l'Australie. Sa passion : l'eucalyptus, un arbre dont il se régale des feuilles et dans lequel il s'abrite. Il y dort jusqu'à 20 heures par jour ! À la fin du XVIIIe siècle, ils étaient 10 millions. Ils sont désormais moins de 43 000. Les principales causes de leur disparition sont la déforestation galopante, les prédateurs (chiens, dingos, renards), les maladies et, aujourd'hui, les incendies qui ravagent le pays l'été (comme ceux de 2019).

LE BÉBÉ KOALA

À la naissance, le bébé koala mesure moins de 2 cm et pèse environ 1 g. Il se faufile dans la poche ventrale de sa mère où il reste 7 mois en tétant ses mamelles. Après quoi il commence à faire des allers et venues entre la poche et le dos de sa maman. À 18 mois, il est temps pour lui d'apprendre à vivre seul.

Le tarsier des Philippines

Localisée dans le Sud-Est des Philippines, cette espèce vieille de 45 millions d'années a vu sa population chuter considérablement ! Il ne resterait plus que quelques milliers d'individus à l'état sauvage. Le primate le plus petit du monde (à peine 16 cm de haut) a souffert de la déforestation et de sa capture pour servir d'animal de compagnie.

Le tarsier des Philippines a de gros yeux globuleux qui ont la taille de son cerveau.

Si le kakapo ne sait pas voler, c'est un excellent grimpeur ! Il escalade les arbres pour se nourrir de fruits et de feuilles.

Le kakapo

Surnommé « perroquet-hibou » parce qu'il vit la nuit, le kakapo est le plus grand perroquet du monde et le seul à ne pas voler. Pendant des siècles, il fut chassé pour sa chair par le peuple indigène de Nouvelle-Zélande, les Maoris, puis par les chiens et les chats introduits par les colons européens. En 1995, le gouvernement néo-zélandais a lancé un programme pour sauver cet oiseau, autrefois l'un des plus répandus du pays. Les kakapos vivent désormais sur quatre îles au large des côtes néo-zélandaises, sur lesquelles ils n'ont pas de prédateur. Leur population compte aujourd'hui 147 individus.

L'orang-outan

Ce grand primate reconnaissable à ses longs poils roux et à ses bras démesurément longs (ci-dessus) est le plus grand mammifère vivant dans les arbres. Son nom signifie « homme de la forêt ». Malgré sa grande taille, il se déplace facilement mais lentement, sauf en cas de danger. Il vit dans les forêts tropicales des îles de Bornéo et de Sumatra, en Asie. En moins de 20 ans, la déforestation et la chasse ont causé la mort de près de 150 000 orangs-outans de Bornéo. Les deux espèces de Sumatra sont plus menacées encore.

Le chimpanzé

Le chimpanzé fait partie de la famille des grands singes. Comme le gibbon, l'orang-outan, le bonobo et le gorille, il ressemble un peu à un être humain, avec qui il partage 98 % de ses gènes. Chassé par les hommes pour sa viande, il a vu les trois quarts de sa population disparaître en 1 siècle.

Le pangolin

Cet étrange mammifère édenté est couvert d'écailles, et sa queue est démesurée. Avec sa longue langue visqueuse, il attrape les fourmis et les termites dont il est friand. Quand il est attaqué, il se roule en boule pour se protéger. Les pangolins peuplent les régions tropicales et équatoriales d'Afrique et d'Asie. Ils sont tués pour leur chair et surtout pour leurs écailles employées dans la médecine chinoise. D'après les estimations, plus d'1 million d'entre eux auraient été abattus ces 10 dernières années !

Le lémurien

La plupart des espèces de lémuriens sont menacées d'extinction. C'est notamment le cas du maki catta, qui se distingue par sa longue queue noire et blanche. Les spécialistes s'alarment : dans quelques décennies, ces animaux pourraient avoir complètement disparu à l'état sauvage !

L'ours à lunettes

Reconnaissable aux marques claires qui entourent ses yeux, l'ours à lunettes vit dans les forêts d'Amérique du Sud. En dispersant les graines contenues dans sa nourriture, il participe à la régénération des forêts, jouant ainsi un vrai rôle écologique. Menacé par la déforestation, il est aussi chassé pour sa fourrure et sa viande, très appréciée au Pérou, ainsi que pour sa bile et sa graisse, utilisées en médecine traditionnelle. Cette espèce d'ours est aujourd'hui la plus rare et la plus menacée au monde.

ANIMAUX DES OCÉANS

Mers, océans, lacs et fleuves recouvrent les deux tiers de la surface de la Terre, surnommée la « Planète bleue ». C'est dans l'eau que la vie est apparue pour la première fois, et c'est aussi dans l'eau que vit aujourd'hui un quart des espèces. Les océans récoltent l'eau des fleuves et des rivières et, avec elle, tous les déchets que les hommes y déversent : produits chimiques et déchets plastiques, qui nuisent considérablement aux animaux marins. Viennent s'ajouter la surpêche, le braconnage, les marées noires et le trafic maritime intensif.

Les dauphins

Ces mammifères marins tant appréciés des hommes peuplent tous les océans du globe et certains fleuves. Menacés d'extinction à court terme, ils souffrent notamment de la pollution et des filets de pêche dans lesquels ils se prennent. Au Japon, des milliers de dauphins sont massacrés chaque année. Leur chair, que l'on fait passer pour de la viande de baleine, est commercialisée alors qu'elle contient du mercure, une substance très dangereuse pour la santé. Les espèces les plus menacées sont le dauphin d'Irrawaddy, qui vit en Asie du Sud-Est, et les dauphins d'Hector et de Maui en Nouvelle-Zélande.

Les baleines

Au cours du XXe siècle, on estime à 1,5 million le nombre de baleines tuées, toutes espèces confondues. Si la chasse à la baleine est désormais interdite dans la majorité des pays, on déplore encore trop de morts accidentelles, causées par la collision entre ces mammifères marins et les bateaux. L'ingestion des déchets plastiques que nous rejetons dans la mer fait aussi des victimes. Parmi les espèces menacées, on peut citer la baleine bleue, le plus gros animal ayant jamais vécu sur Terre, et la baleine noire de l'Atlantique nord : 20 décès ont été observés entre 2017 et 2018, soit 4 % de la population totale qui se composait alors d'environ 500 individus.

Nageoire caudale d'une baleine bleue

Longtemps menacée, la baleine à bosse est depuis peu sortie de la liste des espèces en danger d'extinction grâce à la protection contre la pêche dont elle bénéficie.

Grâce à sa tête en forme de T, le requin-marteau a un large champ de vision.

Le requin-baleine est le plus gros poisson du monde !

Les requins

Les requins sont principalement victimes de la surpêche et du braconnage. Comptant parmi les espèces les plus menacées, le grand requin-marteau a vu sa population chuter de 80 % ces 25 dernières années. Pourtant, sa chair n'est que rarement consommée : le plus souvent, seules ses grandes nageoires intéressent les pêcheurs, car certains pays asiatiques, comme le Vietnam ou la Chine, raffolent de la soupe d'ailerons de requins. Également en grand danger, le requin-baleine a vu sa population baisser considérablement ces dernières décennies.

Un rôle écologique

Présents dans tous les océans du globe, les requins fascinent autant qu'ils effrayent les hommes. Aujourd'hui, leur survie est sérieusement menacée : 100 millions de requins sont tués chaque année et un tiers des espèces risque de disparaître. Or, ces prédateurs ont un rôle écologique important : en se nourrissant des poissons et des mammifères marins les plus vieux, faibles et malades, ils régulent l'équilibre entre les espèces.

Les tortues marines

Peuplant les océans depuis 150 millions d'années, les sept ou huit espèces de tortues marines sont aujourd'hui au bord de l'extinction. L'ingestion de plastique, leur capture accidentelle par les bateaux de pêche, le braconnage des œufs et l'urbanisation des plages, où elles viennent pondre, sont à l'origine de leur disparition. La tortue luth est la plus imposante (1,50 à 2 m de long pour 400 kg). Nettement plus petite, la tortue imbriquée (65 à 85 cm), dont les écailles se chevauchent, est aussi victime du commerce d'écailles.

La tortue luth ne s'aventure sur la terre ferme que pour pondre ses œufs.

Les coraux

Caractérisés par un squelette calcaire dur, ces animaux vivent en colonies dans presque tous les océans du monde. Ils forment des récifs qui abritent et nourrissent un quart des espèces marines. Ils servent également de barrières qui absorbent la force des vagues et protègent les zones côtières des inondations. Endommagés par la pêche à l'explosif, la pollution et le réchauffement des eaux, les coraux sont perpétuellement menacés. On estime que 20 % des récifs et des écosystèmes associés ont été irrémédiablement détruits au cours des dernières décennies et que près de la moitié des récifs subsistants risque d'être détruite d'ici à 2030.

Le béluga européen

Ce grand poisson, qui vit dans les eaux salées, migre en eau douce pour se reproduire. On le rencontre en mer Caspienne ou en mer Noire, mais aussi dans l'Adriatique. En danger critique d'extinction, le béluga européen est pêché à outrance, notamment pour ses intestins dont on fait de la gélatine et pour sa peau que l'on transforme en cuir. Mais les femelles sont surtout tuées pour leurs œufs, qui constituent le caviar béluga, un mets de luxe de renommée mondiale. Malgré les récentes mesures de protection, la survie de ce poisson est toujours menacée.

Mesurant 1,30 m de long pour un poids de 25 kg, la loutre de mer est le plus petit mammifère marin.

La loutre de mer

La loutre de mer sillonne les côtes du Pacifique nord, de la Russie au Japon et de l'Alaska au Mexique. Chassée pour son épaisse fourrure jusqu'en 1911, puis victime de la pêche, du réchauffement climatique et de la pollution (marées noires, notamment), elle est aussi l'une des nombreuses victimes du réchauffement climatique. Les micro-algues toxiques se multiplient et empoisonnent un peu plus chaque année les crustacés et mollusques dont elle se nourrit. Le nombre de loutres ainsi empoisonnées se serait multiplié en quelques années sans que personne ou presque ne s'en inquiète...

L'ours polaire

Ce n'est un secret pour personne : la survie du plus gros carnivore terrestre (3,50 m de haut pour 300 à 700 kg) et du roi de l'Arctique est menacée à terme. Les raisons ? Le réchauffement climatique, qui fait fondre la banquise où il chasse les phoques, la pollution des eaux et la chasse. 700 à 800 ours polaires seraient ainsi tués chaque année ! Les mesures de protection se font encore attendre...

ANIMAUX DES MONTAGNES

On appelle « montagnes » les régions qui s'étendent au-delà de 900 m d'altitude. Sur les sommets enneigés, dans les forêts et les prairies, la vie sauvage est foisonnante. Mais à cause du réchauffement climatique, les animaux sont contraints de grimper plus haut pour profiter de la fraîcheur dont ils ont besoin et fuir les populations humaines qui gagnent les hauteurs. Stations de sport d'hiver, agriculture, routes et tunnels portent atteinte à la nature, au point que certaines espèces voient leur population se réduire considérablement.

Le tapir des Andes

Reconnaissable à sa queue minuscule et à sa petite trompe, cet herbivore agile et farouche est le plus grand mammifère d'Amérique du Sud. Il vit dans les forêts montagneuses, en Colombie, en Équateur et au Pérou. Considéré comme un fossile vivant ayant peu évolué en 50 millions d'années, il est aujourd'hui sérieusement menacé par la déforestation, la chasse et le réchauffement climatique, qui le contraint à grimper toujours plus haut pour trouver la fraîcheur dont il a besoin.

Le gorille des montagnes

Le plus grand primate du monde habite dans les montagnes de l'Afrique de l'Est. Il est herbivore et vit en groupe familial soudé composé de femelles et de leurs petits, et parfois de jeunes mâles. Le groupe est dirigé par le mâle dominant, appelé « dos argenté » à cause des poils de son dos qui éclaircissent avec l'âge. Victimes des guerres civiles, de la chasse, des épidémies et de la déforestation, les gorilles des montagnes étaient au bord de l'extinction en 1989, avec un total de 620 individus seulement ! Grâce aux campagnes de sensibilisation, ils sont aujourd'hui plus de 1 000.

Le kéa

Le seul perroquet vivant dans les montagnes est appelé kéa en raison des sonorités de son cri. Curieux, drôle et intelligent, cet oiseau de Nouvelle-Zélande était pourtant considéré comme nuisible au XIXe siècle parce qu'il s'attaquait aux moutons pour se nourrir de leur chair. Il a ainsi été chassé massivement de 1860 à 1960, provoquant une perte de 150 000 individus. Depuis, on a cessé de le persécuter, mais on n'en compte plus que 1 000 à 5 000 aujourd'hui.

Le kéa est reconnaissable à son beau plumage vert olivâtre sur le dessus des ailes et rouge orangé en dessous.

La panthère des neiges

Vivant dans les montagnes les plus hautes et les plus reculées d'Asie centrale, la panthère des neiges est sans doute le moins connu des grands félins. Adaptée aux grands froids, son épaisse fourrure tachetée lui permet de se fondre dans la nature. Son menu se compose de bouquetins, de rongeurs et d'oiseaux. Chassée pour sa fourrure et pour ses os, utilisés en médecine chinoise, elle doit aussi son déclin à l'intrusion de l'homme sur son territoire. Elle est davantage protégée aujourd'hui.

ANIMAUX DE LA SAVANE

Abritant une faune riche, ces étendues d'herbes hautes et d'arbres épars sont propres aux régions tropicales caractérisées par une longue saison sèche. En 50 ans, la savane africaine s'est réduite de 75 % au profit des cultures. Malgré l'existence de réserves protégées, les animaux en souffrent beaucoup. Ils sont également victimes de la chasse, du braconnage et des maladies transmises par les animaux domestiques et les bovins d'élevage. Qui aurait pu imaginer que le lion, l'éléphant et le zèbre risqueraient un jour de disparaître ?

Le lion

Reconnaissable à son épaisse crinière rousse (les mâles seulement) et à son célèbre rugissement, le « roi des animaux » est le seul félin à vivre et à chasser en groupe. Ce carnivore se nourrit d'herbivores. Pendant que les femelles partent à la chasse, les mâles défendent leur territoire. Au nombre de 32 000 en Afrique contre 100 000 il y a 50 ans, les lions sont notamment victimes de la chasse au trophée organisée pour le tourisme de luxe. Les éleveurs, qui ont peur pour leurs troupeaux, pratiquent l'empoisonnement. Sans compter que les os du lion sont employés dans la médecine chinoise.

Le rhinocéros noir

Ce gros mammifère solitaire d'1 tonne est herbivore et a peu d'ennemis naturels. Il est reconnaissable à ses deux cornes, l'une nasale et l'autre frontale, qui lui servent d'armes lors des combats entre mâles. Malheureusement, elles sont très prisées par la médecine traditionnelle asiatique. Alors que 800 000 rhinocéros noirs parcouraient l'Afrique au début du XXe siècle, ils ne sont plus que 5 000 aujourd'hui ! Le WWF (Fonds mondial pour la nature) œuvre depuis les années 1960 pour la sauvegarde de cette espèce.

Le vautour à tête blanche

Reconnaissable à sa tête rose et blanche et à son bec crochu orangé, ce rapace charognard de 2 m d'envergure vit en couple et construit son nid à la cime des arbres. Depuis 2015, il est en danger critique d'extinction. 96 % de sa population aurait disparu en moins d'un demi-siècle ! Les causes ? La réduction du nombre de mammifères et donc des carcasses dont il se nourrit, mais aussi son empoisonnement par les braconniers, qui le considèrent comme nuisible, et la présence de l'homme, qui fait fuir cet oiseau solitaire et farouche. Son déclin est alarmant.

L'oryx beïsa

Cette grande antilope se reconnaît à ses longues cornes fines et légèrement courbées, ainsi qu'à son pelage si particulier, de couleur fauve avec des bandes foncées au-dessus de ses genoux, sur son cou, son museau et ses yeux. Familière de la savane africaine, mais aussi des steppes et des déserts semi-arides, elle est capable d'adapter la température de son corps pour ne pas souffrir de la chaleur. Pour échapper aux lions, hyènes, léopards et lycaons (page 19), l'oryx beïsa peut atteindre une vitesse de 90 km/h. Victime du braconnage pour sa chair et sa peau, il souffre aussi de la sécheresse et de l'extension des élevages de bétail, qui nuisent à son habitat.

L'éléphant d'Afrique

C'est le plus gros et le plus lourd des animaux terrestres : il peut atteindre 6 tonnes, soit le poids d'un camion ! Ses défenses sont malheureusement très convoitées par les braconniers qui pratiquent le commerce de l'ivoire, servant à fabriquer des bijoux et divers objets. De 20 000 à 30 000 pachydermes sont ainsi tués chaque année ! En mai 2019, le Botswana a levé l'interdiction de la chasse instaurée en 2014, les paysans se plaignant que les éléphants dévastent leurs cultures. Cette décision est très critiquée par les associations de protection des animaux. Le pays abrite à lui seul un tiers des 415 000 éléphants sauvages d'Afrique, alors qu'ils étaient 4 millions au début du XXe siècle ! L'éléphant d'Asie est plus menacé encore : il en resterait moins de 50 000 à l'état sauvage.

Le zèbre de Grévy

Cet herbivore se distingue de son cousin, le cheval, par ses rayures noires et blanches, propres à chaque animal. Elles permettraient aux membres du groupe de se reconnaître entre eux. On pense qu'elles serviraient aussi à brouiller la vue des prédateurs. Contrairement aux autres espèces de zèbre, qui vivent en groupe, le zèbre de Grévy est plutôt solitaire. Il est aussi plus grand et ses rayures sont plus fines. Autrefois chassé pour sa peau, qui était vendue à prix d'or, il subit aujourd'hui la compétition avec les troupeaux de bétail que les éleveurs font paître sur son territoire et autour des points d'eau. Sa population compterait moins de 2 500 individus.

Le lycaon

Légèrement plus grand que le berger allemand, ce carnivore, proche cousin du chien, présente un pelage brun ou jaune tacheté de noir, blanc et roux, propre à chaque animal. Avoisinant les 100 000 au début du XXe siècle, sa population ne compte plus que 5 000 individus. Accusé de répandre des maladies et de dévorer le bétail, le lycaon a été décimé par les fermiers jusque dans les années 1970. En réalité, le chien sauvage d'Afrique se tourne vers les troupeaux uniquement quand ses proies naturelles viennent à manquer. C'est donc la réduction et la dégradation de son habitat par l'homme qui sont en cause.

Le guépard

Avec des pics de vitesse à 115 km/h, c'est l'animal terrestre le plus rapide du monde ! Reconnaissable à sa belle fourrure tachetée, il chasse à l'affût avant de foncer sur sa proie sur 200 ou 300 m. Après quoi il doit reprendre son souffle pendant 20 bonnes minutes, ce qui laisse le temps aux hyènes de lui chaparder son repas ! Menacée d'extinction, cette espèce compte aujourd'hui un peu plus de 7 000 individus contre 100 000 au début du XXe siècle. Les raisons ? Le guépard n'a plus assez d'espace pour vivre. Il est aussi braconné par les fermiers, qui craignent pour leur bétail. Par ailleurs, il n'est pas gagnant dans la compétition avec les autres grands prédateurs, tels que les lions et les hyènes, plus endurants.

ANIMAUX D'AUTRES MILIEUX

Lacs, cours d'eau, marais et tourbières fournissent presque toute l'eau douce consommée dans le monde. Un tiers des espèces dépend de ces zones humides, mais elles sont nombreuses à connaître un déclin alarmant. C'est le cas notamment des amphibiens (grenouilles, crapauds, salamandres, tritons…), qui supportent mal l'urbanisation et le réchauffement climatique. Tout près de chez nous, dans nos campagnes et nos jardins, des insectes que l'on côtoyait au quotidien, comme les abeilles et les papillons, se font de plus en plus rares.

Les papillons

Les papillons colorés, qui égayent nos jardins et nos campagnes, ont un double rôle : comme les abeilles, ces insectes pollinisateurs permettent, par le transport du pollen, aux plantes à fleurs de donner des fruits, et donc de se reproduire ; ils servent aussi de proies aux oiseaux, aux chauves-souris et aux batraciens. Mais en Europe, il y aurait deux fois moins de papillons de prairie que dans les années 1990 ! Les raisons ? La disparition des prairies au profit de l'urbanisation galopante, le réchauffement climatique, qui les pousse vers le nord, et la multiplication des pesticides.

L'axolotl

De couleur foncée à l'état sauvage, cette petite salamandre peut rester à l'état larvaire toute sa vie : ses branchies ne se transforment pas en poumons, si bien que l'animal reste en milieu aquatique. L'axolotl est également capable de régénérer des parties entières de son corps. Victime de l'urbanisation et de la pollution, il est en danger critique et n'existe plus, à l'état sauvage, que dans le lac Xochimilco, près de Mexico. Aujourd'hui, 90 % des axolotls sont élevés en captivité. Leur fréquente pigmentation albinos (corps blanc et yeux rouges) résulte d'un croisement.

Les amphibiens

Les amphibiens sont des animaux qui vivent aussi bien dans l'eau que sur la terre ferme. Sur les 6 000 espèces recensées, 470 sont proches de l'extinction et près de 800 sont en danger. Les causes ? La déforestation, la pollution, ainsi que les virus et maladies infectieuses. Parmi les espèces en déclin, le phyllobate terrible est la grenouille la plus venimeuse du monde ! Se parant de couleurs vives pour faire fuir ses prédateurs, la grenouille arlequin, devenue l'une des héroïnes du dessin animé *Rio*, est également menacée. La grenouille dorée du Panama, quant à elle, ne survit plus que dans des centres d'élevage.

La grenouille arlequin mesure à peine plus de 3 cm !

Le vison d'Europe

Semi-aquatique, ce petit mammifère carnivore au corps allongé (45 cm pour 500 g à 1 kg) vit à proximité des cours d'eau, où il capture ses proies : grenouilles, campagnols, poissons et oiseaux. Très vaste autrefois, son aire de répartition s'est considérablement réduite. On ne le trouve plus aujourd'hui que du sud-ouest de la France au nord-ouest de l'Espagne, ainsi que du delta du Danube à la mer Noire. Son déclin alarmant est dû à la réduction de son habitat, aux pièges tendus pour les putois, aux collisions routières et, surtout, à l'introduction du vison d'Amérique, plus corpulent, qui a pris le pas sur lui.

La grue du Japon

Belle et gracieuse, la grue du Japon est l'un des plus grands oiseaux du monde ! Elle est reconnaissable à son élégant plumage blanc et noir et à son crâne recouvert d'une peau rouge. Omnivore, elle vit et se nourrit dans les eaux profondes des marais au nord du Japon mais également en Chine, en Russie, en Mongolie et en Corée. Sa population ne cesse de décliner, en grande partie à cause de la déforestation et de la chasse. Chaque hiver depuis 1952, les Japonais se mobilisent pour nourrir ce bel échassier et ainsi le sauver de l'extinction.

Les abeilles

Autrefois, les abeilles abondaient dans nos campagnes. Si nous les redoutons lorsqu'elles s'approchent trop près de nous, nous leur devons beaucoup, car elles jouent un rôle essentiel dans la pollinisation. Plus d'un tiers des fruits et légumes que nous consommons dépend des abeilles ! Malheureusement, leur population a chuté de 30 % depuis les années 1980. Comme beaucoup d'espèces animales, elles souffrent du réchauffement climatique, mais aussi des pesticides, qui leur feraient perdre le sens de l'orientation et le chemin les ramenant à la ruche. Les parasites, qui se multiplient, nuisent également à leur survie.

LES ESPÈCES PROTÉGÉES

Face au déclin des espèces, les organisations de protection de la nature, notamment le WWF et l'UICN, alertent le public, cherchent des solutions et soutiennent de nombreux projets. Les interdictions de chasser et de pêcher s'accompagnent de sanctions ; des bébés sont élevés en captivité pour être ensuite réintroduits dans la nature, et des réserves naturelles protégées sont créées. Certaines espèces, comme le rhinocéros indien, la baleine grise et les kiwis de Nouvelle-Zélande ont ainsi pu être sauvées.

Le cheval de Przewalski

Découvert en Mongolie en 1879, ce cheval se distingue par son aspect massif et sa forte encolure. Tandis que quelques individus étaient maintenus en captivité dans des zoos pour préserver l'espèce, le dernier cheval à l'état sauvage a été aperçu en 1969. Associations et zoos ont alors entrepris de perpétuer l'espèce en la réintroduisant dans la nature. Grâce à cette mobilisation, les chevaux de Przewalski seraient aujourd'hui entre 1 800 et 2 000 ! Plus de 350 d'entre eux ont retrouvé leur liberté sur leur terre d'origine, la Mongolie, et quelques troupeaux vivent à l'état sauvage ou en semi-liberté dans d'autres régions du monde, notamment en France, en Lozère.

Le cheval de Przewalski est considéré comme la dernière espèce de chevaux sauvages.

Le bison d'Europe

Déclaré éteint à l'état sauvage en 1919, l'imposant bison d'Europe a survécu grâce aux individus qui vivaient en captivité. Des programmes d'élevage, gérés par les parcs zoologiques, ont ensuite été lancés pour placer des bisons en semi-liberté afin de leur réapprendre la vie sans l'homme. Puis on les a réintroduits en Pologne, en Russie, en Roumanie et même en Allemagne ! Le bison d'Europe est exclusivement végétarien et se déplace en troupeau d'une vingtaine d'individus à travers les forêts. Aujourd'hui, ils sont au nombre de 6 000, dont 4 000 en liberté !

Entrée du village des pandas géants, au zoo de Beauval

Dans la zone du lynx pardelle, en Andalousie (Espagne), des panneaux rappellent aux conducteurs de rouler prudemment.

Le lynx pardelle

Également appelé lynx ibérique ou lynx d'Espagne, ce félin majestueux se distingue par un collier de poils qu'il rabat ou déploie selon ses humeurs. En 2007, on comptait seulement 250 individus contre 100 000 au début du XXe siècle. Outre le braconnage et la circulation routière, l'espèce a été la victime indirecte de la myxomatose, une maladie volontairement inoculée par les Espagnols pour se débarrasser des lapins qui dévastaient leurs cultures. Dès lors, les lynx pardelle, qui se nourrissaient de ces lapins, ont eux aussi dépéri. Pour préserver l'espèce, un programme d'élevage en captivité a été mis en place dans le but de les réintroduire dans leur milieu naturel tout en prenant soin des lapins. On dénombre aujourd'hui 600 lynx pardelle !

LE PANDA GÉANT

Ce grand mammifère de la famille des ours, qui vit dans le centre de la Chine, a longtemps été menacé d'extinction. En 50 ans, l'investissement du WWF (dont il est l'emblème) et du gouvernement chinois a porté ses fruits. Grâce à la création de réserves et la reforestation, l'interdiction de la chasse (punie de 20 ans de prison) et la sensibilisation des populations locales, environ 1 900 pandas géants vivraient en milieu sauvage, soit près de deux fois plus que dans les années 1980 ! Mais la bataille n'est pas gagnée pour autant. Les bambous, dont les pandas se nourrissent, sont menacés par le réchauffement climatique et la déforestation.

La propriétaire du zoo de Beauval, Delphine Delord, avec le bébé panda géant né 6 mois plus tôt

TABLE DES MATIÈRES

© 2021, FLEURUS ÉDITIONS
57, rue Gaston Tessier, CS 50061, 75166 Paris Cedex 19
www.fleuruseditions.com
Direction : Guillaume Arnaud
Direction éditoriale : Emmanuelle Braine Bonnaire
Conception de la collection : Émilie Beaumont et Jack Delaroche
Édition de la première édition : Nathalie Merluzzi
Édition de cette édition : Amandine Doubre
Conception graphique : Éric Laurin sous la direction de création de Élisabeth Hébert
Direction artistique : Bleuenn Auffret, assistée de Julien Di Giorgio
Mise en page : Graph'M
Direction de fabrication : Thierry Dubus
Fabrication : Sabine Marioni

Loi n° 49-956 du 16 juillet 1949 sur les publications destinées
à la jeunesse, modifiée par la Loi n° 2011-525 du 17 mai 2011.
Dépôt légal : janvier 2021
2e édition - N° d'édition : J22099-02
ISBN : 978-2-2151-7646-6 • MDS : 661657N1
Achevé d'imprimer en mars 2022 chez Rotolito en Roumanie
Ce livre est imprimé avec des encres végétales et est composé de matériaux issus de forêts bien gérées,
certifiées PEFC™ et d'autres sources contrôlées.

PEFC
PEFC/46-31-13

Certifié PEFC

Ce produit est issu de forêts gérées durablement et de sources contrôlées

www.pefc-france.org